徳

稲盛和夫 新道徳 子どもこころの育て方

稲盛和夫 監修

西東社

はじめに1

こころを育てることの大切さについて

稲盛和夫からのメッセージ

これから社会のしゅやくとなるきみたちに、わたしからぜひつたえたいことがあります。それは、人生においてもっとも大切なことは、よいこころを育てていくことだということです。

どうしてこころのあり方が、そんなに大切なのでしょうか。それは、人がこころに思いえがいたことは、かならず人生のけっかとしてそのとおりにあらわれてくるからです。よいこころをもっている人にはよいけっかが、わるいこころをもっている人にはわるいけっかがあらわれます。つまり、こころのあり方、こころの

もちようによって、人生そのものがきまってくるのです。

そのことを、わたしは長い人生を歩むなかで、また、会社をけいえいするなかで気づき、できるだけよいこころをもつようにどりょくしてきました。

この本では、そうしたけいけんから、わかいきみたちに、ぜひ大切にしてほしいとわたしが考えるぐたいてきなよいこころについてしょうかいしています。わたしの考え方をもとにして、わかりやすいことばと絵やまんがによってかいせつしているので、楽しみながら学べる内容になっています。

きみたちがよいこころを育てることで、しょうらい、大きな夢をかなえ、すばらしい人生を歩んでいくにあたって、この本が少しでも役立つことをねがっています。

はじめに 2

「こころ」の力で夢をじつげんした稲盛和夫ってどんな人？

稲盛さんは、テレビとかけいたい電話とか、みんなの生活にやく立つモノのぶひんをつくる「京セラ」っていう大きな会社をつくった人だよ。「京セラ」だけじゃなくて、「KDDI」っていう電話会社をつくったり、いちどつぶれた「日本航空（JAL）」を立ち直らせたりもし

京セラをつくった！

「京セラ」は、はじめはしゃいんが28人しかいない小さな会社だった。でも、今はせかい中にかんれんする会社が231もあって、7万人いじょうの人がはたらいている、とっても大きな会社なんだ。

JALをふっかつさせた！

航空会社の「日本航空（JAL）」は、2010年にいちどつぶれた。国からJALの立て直しをたのまれた稲盛さんは、しゃいんの「こころ」をかえて、ふっかつさせたんだ。

電話会社をつくった！

むかしはひとつの電話会社しかなかったから、電話だいがとても高かったんだ。稲盛さんは新しい電話会社をつくればみんなのためになると考えて、電話会社をつくったんだよ。

たすごい人で、たくさんの人からそんけいされているんだ。

そんなすごい稲盛さんだけど、もともと才能があるすごい人ではなかったんだ。でも、だからこそ、自分の「こころ」を大切に育てていき、どうがんばったら夢をかなえられるか考えて、どりょくをつづけた人なんだ。

↓95ページからのおまけまんがでも稲盛さんのことがわかるよ！

はじめに 3

「こころ」がぐんぐん育つ！この本の読み方と楽しみ方

絵やまんがで楽しみながら、稲盛さんの考え方を学べるよ。稲盛さんの考え方を知って「こころ」を育てれば、きっときみの夢もかなえられるよ！

思いやり
ふたつのこころ
きみの中には、「自分だけよければいいこころ」と「人をたすけてあげたいこころ」というまったくぎゃくのふたつのこころがあるんだ。
ひとりでおいしく食べる!
みんなに分けてあげる!
おいしそう…
12

「ことば」と「まんが」

この本では、稲盛さんがみんなにつたえたい「こころ」のお話を、４ページずつにまとめてあるよ。上にある見本の２ページでは、右がわのページで「みんなにつたえたいだいじなことば」を。左がわのページでは「それってどういうことなのかな？」を、まんがで楽しくせつめいしているよ。

「絵」と「せつめい」で くわしく知ろう！

下にある見本の２ページでは、「ことば」と「まんが」で知ったことを、「絵」と「せつめい」で、もっとくわしく知ることができるよ。

1章

がい虫はたいじ！
わるいこころ（＝がい虫）は、たいじして！

こころの花に水やりを
こころにさいた「やさしい気もち」の花は、水をあげて育てよう。

たがやして手入れしよう
いいものをよびこむため、庭をざくざくたがやそう。

さくでこころをまもろう！
わるいものが入ってこないよう、さくでしっかりまもろう！

「いいこと」のたねまき
「いいこと」のたねを、ちょっとずつでもまいていこう。

わるいざっ草はぬいていこう
自分かってな気もちのわるいざっ草は、どんどんぬこう！

ろ＝わるいざっ草をぬいて、ほかの人を思いやるよいここ
ろ＝うつくしい草花のたねを育てよう。

きれいな庭

33　32

1章

あれ？ 後ろにいるあの子……お薬をのむのかな？

じゅんばん…かわってあげたほうがいいかな？

あの子、こまってるよね かわってあげようよ！

……よし！

お薬をのみたいの？

じゃあ かわってあげるね！

みんなありがとう！

よかった！

13

「思いやり」のこころ

「ど真剣」のこうか

「思い」の力

「はたらく」のいみ

…を知って、夢をかなえられる大人になろう！

もくじ

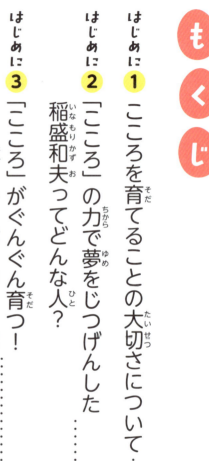

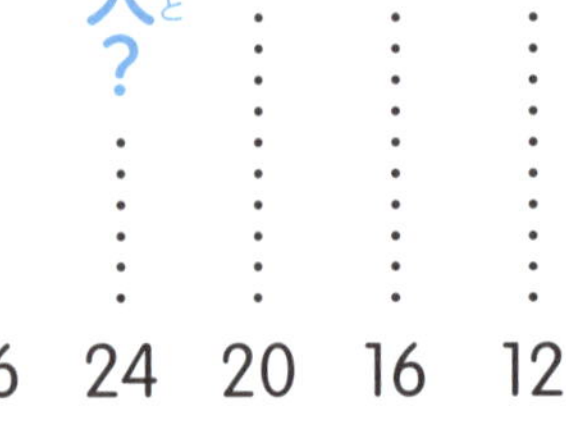

2章 「ど真剣」に生きよう！ 35▼54

3章 「思い」はかならずじつげんする！ 55▼74

4章 「はたらく」ってどういうこと？

1章

「思（おも）いやり」のこころをもとう！

ふたつのこころ

きみの中には、
「自分だけよければ
いいこころ」と
「人をたすけて
あげたいこころ」という
まったくぎゃくの
ふたつのこころがあるんだ。

まんが「ゆずった方がいいのかな…？」

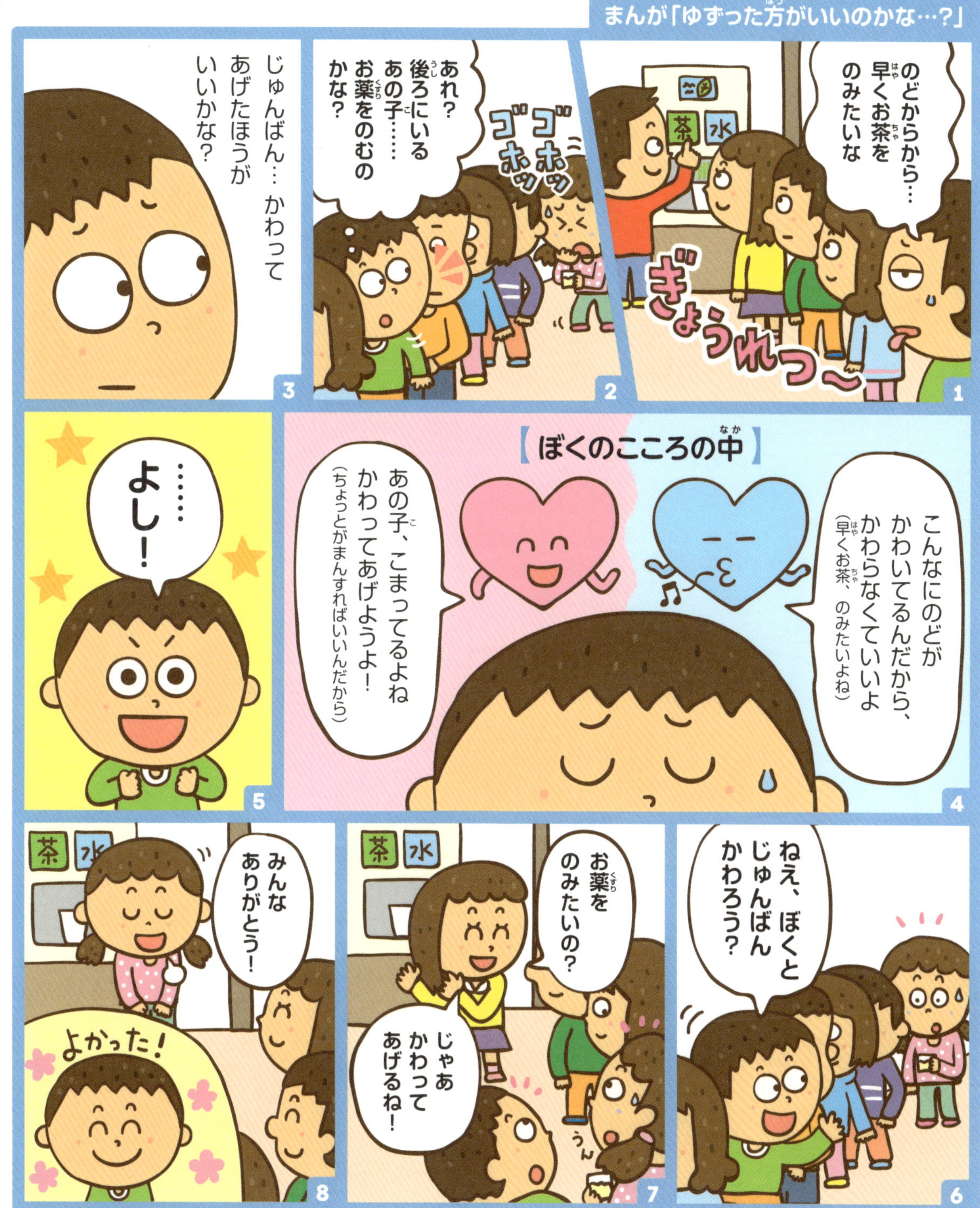

「自分だけよければいい」は小さく！「人をたすけてあげたい」は大きくしよう!!

人のこころの中には、自分だけよければいい「自分中心のこころ」と、ほかの人をたすけてあげたい「親切なこころ」のふたつが、かならずあるんだ。

じつは、どんなやさしい人でも「自分中心のこころ」はもっているし、どんなにいじわるな人でも「親切なこころ」はもっているんだ。

【自分中心のこころ（利己）】

自分が一番！
しっ～しずかに！
あっちいけ～
小さくなれ～
おとなしくしてて!!

「利己」は自分かってな気もちともいえるもの。
できるだけおさえるようにしよう！

だいじなのは、どっちのこころを大切にして、育てていくか、ということなんだよ。

利他

自分のためじゃなくて、ほかの人のためになることを、だいじにしようとするこころのこと。このこころを育てると、人によろこんでもらえるし、自分の大きな夢をかなえるためにも、ぜったいにひつようなこころなんだ。

利己

自分のためになることを、だいじにしようとするこころのこと。だれにでもあるこころだから、わるいものではないよ。でも、このこころばかりが育つと、わるいものがよってくるし、大きな夢をかなえることもできなくなるんだ。

【親切なこころ（利他）】

ほかの人が一番！

大きくなれ～

育てよう

だいじにしよう！

のばしていこう！

「利他」はやさしい気もちともいえるもの。できるだけ大切にして、育てていこう！

地獄と極楽のちがい

地獄と極楽は、
じつは見た目は
まったく同じなんだ。
そこにいる人たちに
「思いやり」が
あるかないかが
ちがうだけなんだよ。

キャー!
ムッ
だれだよ!
そんなことしてると地獄におちてしまうよ…
スッー
ふ…ふん!地獄なんてこわくないよ!
か…神様!?
じゃあ、ちょっと行ってみる?
えいっ!
うわぁぁぁ
ドスッ
ここが地獄?…やっぱりたいしたことないや
ぐううううう
…なんだかすごくおなかがすいたな
!
ぼくも食べたい!
うまそー
あぁぁぁぁ
おはしが長すぎて……
ぜんぜん食べられない…
あー!!もー!!
ちっ…じゃま!
えーん
おなかすいたよ～!

自分のためばかりじゃなくて、「してあげる」ことが大切！

「極楽」は楽しいところで、「地獄」はこわいところだって思っている人は多いよね。でもじつは、極楽も地獄も、見た目はほとんど同じなんだ。

ちがうのは、そこにすむ人のこころ。みんなが「思いやり」、つまり「利他のこころ」をもっているかどうかで、同じばしょでもぜんぜんちがうところになるってことなんだ。

人はつい、自分がとくすることを一番に考えてしまうけど、まずほかの人を思い、ほかの人のことを考えて「してあげる」ことが大切なんだよ。

うどんのかま

極楽と地獄にある「大きなかま」と「長～いおはし」

極楽にも地獄にも「大きなかまのうどん」があるんだけど、このうどんを食べるには、「長～いおはし」をつかうしかないんだ。極楽にいる「利他」の人たちは、長いおはしでほかの人に食べさせてあげるから、みんなで食べられる。地獄にいる「利己」の人たちは、自分だけが食べようとするから、けっきょくだれも食べられないんだ。

利他の帆、他力の風

きみががんばって
「利他の帆」をはれば、
まわりの人が
たすけてくれる
「他力の風」という風を
うけることが
できるんだ。

まんが「点が入ればいいんじゃないの?」

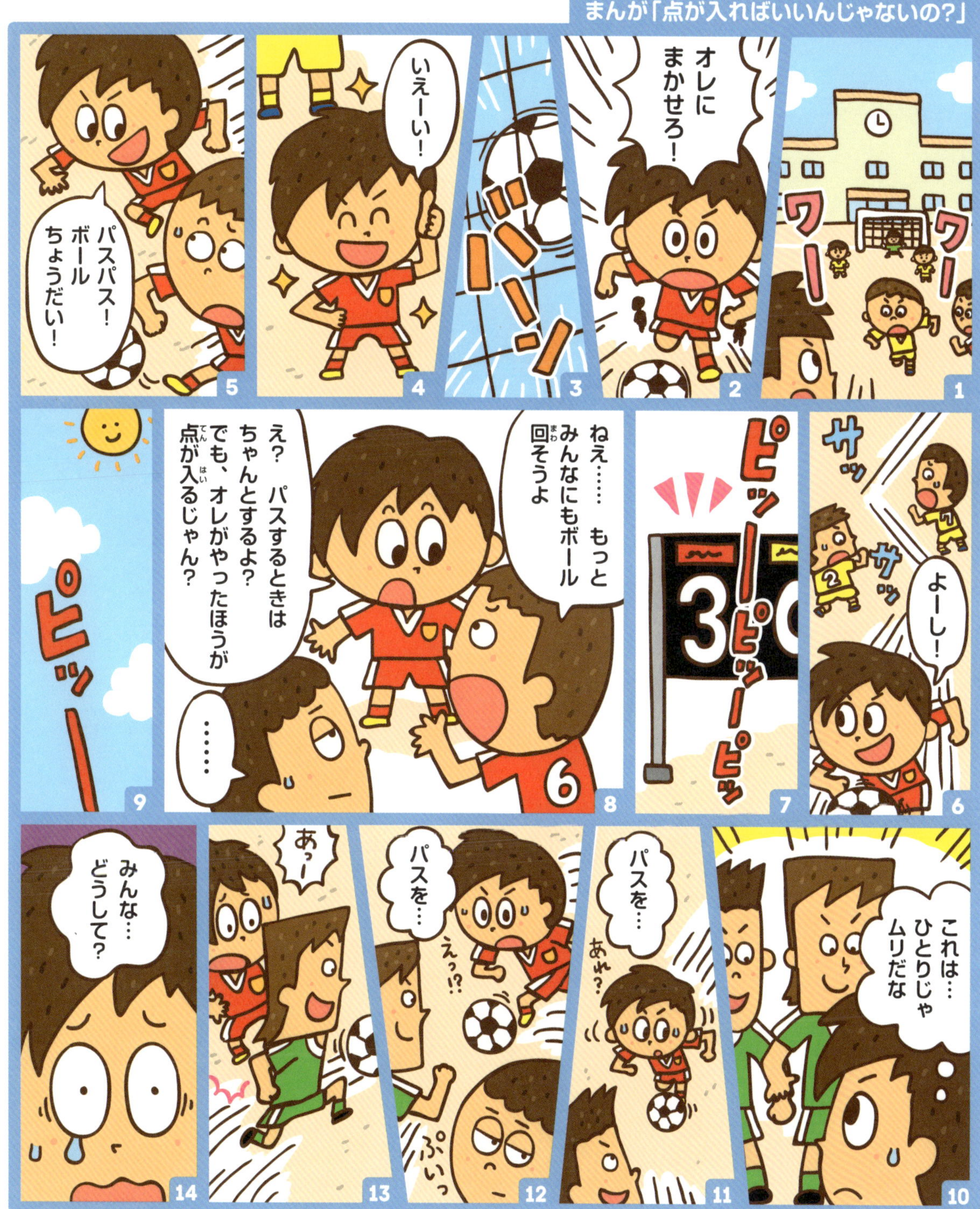

「利他の帆」「他力の風」をはって、をみかたにつけよう！

他力の風

他力
あと少し！
がんばれ〜

他力
あのときは
ありがとう！

これまでに「利他の帆」でたすけた人たちが、きみに力をかしてくれるよ！

利己

自分のことしか考えない「利己の帆」をはっていると、だれもたすけてくれない…

利己

利他
「利他の帆」をはって、
みんなのから「他力」を
うけることで、どんどん
夢にむかってすすめるんだ！

自分ひとりだけの力でできることには、げんかいがあるよね。何か大きな夢をかなえようとすれば、「他力」＝「ほかの人に力をかしてもらうこと」が、かならずひつようになるんだ。

上の船の絵みたいに、ふだんから「利他の帆」をはっていれば、それまでにたすけてあげた人たちが「他力の風」をふかせて、きみをたすけてくれるんだよ。

もっとくわしく

「他力の風」をうけたすごい人物！西郷さんってどんな人？

西郷さんって、こんな人！

しっぱいしてもあきらめない人

2回もしまながしにされたけど、けっしてくじけず、夢をあきらめなかった人なんだよ。

上野公園のどうぞうの人

1898年につくられた西郷さんのどうぞうが、今も上野公園にあるんだ。

江戸じだいの人

江戸じだいに、今の鹿児島にあった「薩摩」というところで、はたらいていた武士だよ。

江戸じだいをおわらせた人

日本をびょうどうな社会にするため、武士のじだいをおわらせたんだ。

日本のためにはたらいた人

学校とかけいさつとかのしくみをつくるていあんも、西郷さんがしたんだ。

西郷隆盛と愛犬

れきし上のすごい人

みんなは、西郷隆盛を知ってるかな？ れきし上のすごい人で、江戸じだいから明治じだいへとかわるとき、中心として活やくした人なんだ。

じつはこの西郷さんは、前のページに出てきた「利他の帆」をはって、大せいこうした人なんだよ。

西郷さんと稲盛さんをつなぐことば

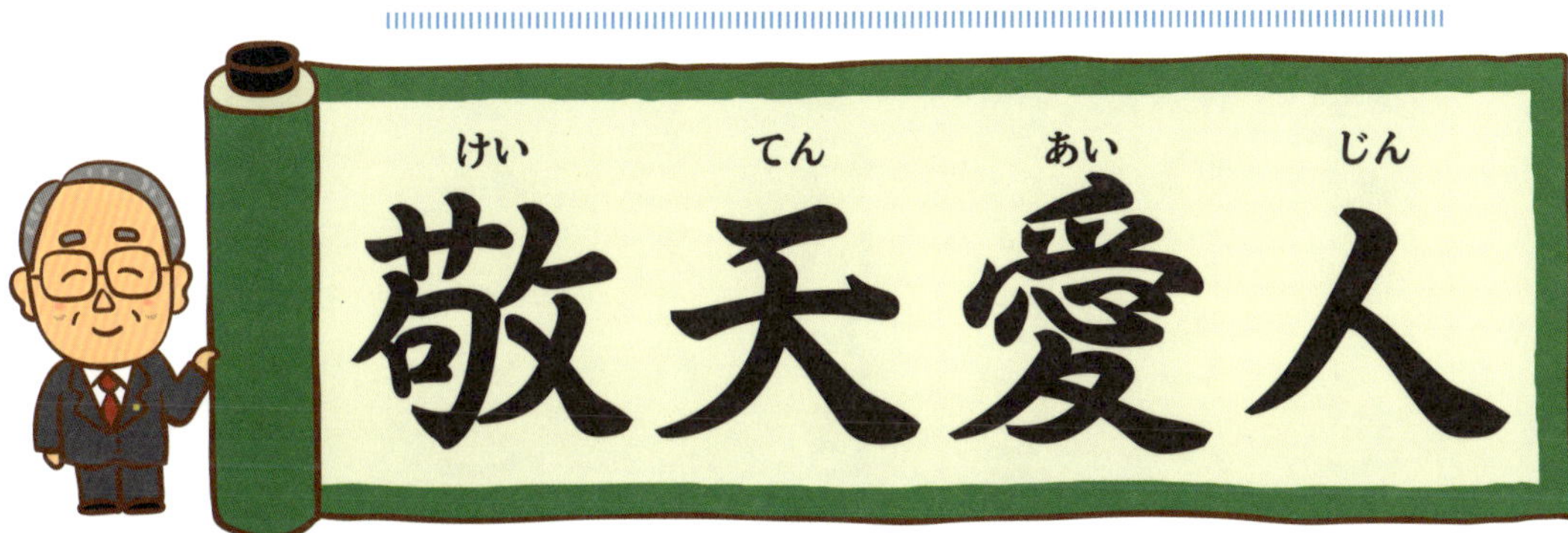

西郷さんと稲盛さんの考え方

西郷さんがだいじにしていた「敬天愛人」ということばを、稲盛さんもだいじにしているんだ。

このことばは「天」つまり、よの中のすべてのことを「敬」い、かんしゃをして、「人」を「愛」するということ。

自分のためだけでなく、だれかのやくに立ちたい、という考え方が、西郷さんと稲盛さんのにているところなんだ。

西郷さんは…
ぜい金が高すぎる!
わ…わかった

自分は武士だったけど、まずしいのうみんの生活を楽にするためにはたらいたんだ。

日本のみんなが電話をやすくつかえるように、新しい電話会社を立ち上げたんだ。

いつでも「ありがとう」

うれしいときは
もちろん、
つらいときにも
「ありがとう」って
思うことが
大切なんだよ。

まんが「『ありがとう』しか言えない!?」

いつもこころでかんしゃしよう！「ナンマンナンマン　アリガトウ」

人は、いつでもだれかにささえられて生きている。それをわすれずに、いつでもみんなにかんしゃする気もちをもつことが大切なんだ。

稲盛さんは、子どものころお坊さんにそう教わって、つねに「ナンマンナンマン　アリガトウ（南無阿弥陀仏　南無阿弥陀仏　ありがとう）」と、こころの中でとなえるようになったんだって。

どんなにつらいときでも、かんしゃの気もちをわすれないでいると、かならずいいことがおこるように、よの中はなっているんだよ。

お母さんにしかられて
… しょんぼり …

ありがとう

でも…
お母さんは、わたしが同じしっぱいをくりかえさないようにしんぱいしてくれたんだ！

かんしゃ

雨で遠足が中止に
… がっかり …

ありがとう

でも…
きっと神様が「今日はよくないよ」って教えるために、雨をふらせてくれたんだ！

しゅくだいいっぱい
… やだな …

ありがとう

でも…
先生は、わたしがかしこくなれるようにって、ちゃんと考えてくれているんだ！

ともだちとけんか
… どうしよう …

ありがとう

でも…
きっと、わたしとちゃんとわかり合いたくて、本気でぶつかってくれたんだ！

ナンマンナンマン
アリガトウ！

イヤなことばはなるべく言わない！

たいへんそうなことがあると、つい「イヤだな…」って言っちゃうよね。でも、イヤなことばは口にすると、イヤなもちが大きくなるよ。ぎゃくに、つらくても前むきなことばを言っていると、気もちも明るくなってくるんだ。

こころの庭

人のこころは
「庭」みたいな
ものなんだ。
ざっ草をぬいて
きちんと手入れをして、
きれいな花を
さかせよう。

まんが「きみの“こころの庭(にわ)”はどんなかな?」

「わるいこころ」はせっせとぬいて、「よいこころ」のたねをまこう！

なにも手入れしないでおいた庭は、ざっ草ばかりの庭になっちゃうよね。人間のこころも、庭と同じなんだ。自分のことしか考えないわるいこころ＝わるいざっ草をぬいて、ほかの人を思いやるよいこころ＝うつくしい草花のたねを育てよう。

「いいこと」のたねまき

「いいこと」のたねを、ちょっとずつでもまいていこう。

わるいざっ草はぬいていこう

自分かってな気もちのわるいざっ草は、どんどんぬこう！

がい虫はたいじ！

わるいこころ（＝がい虫）は、たいじして！

こころの花に水やりを

こころにさいた「やさしい気もち」の花は、水をあげて育てよう。

たがやして手入れしよう

いいものをよびこむため、庭をざくざくたがやそう。

さくでこころをまもろう！

わるいものが入ってこないよう、さくでしっかりまもろう！

1章 まとめ

1 こころには「自分中心のこころ」と「親切なこころ」のふたつがある!

2 きみのいるばしょが極楽になるか、地獄になるかは、きみのこころしだい!

3 だれかのために「利他の帆」をはれば、回り回って自分がしあわせになれる!

4 うれしいときも、つらいときも、かんしゃの気もちをもとう!

5 こころには「庭」がある。この庭をつねにきれいにたもとう!

2章

「ど真剣」に生きよう！

いつでも全力疾走(ぜんりょくしっそう)

長(なが)ーいマラソンを、
「100メートルきょうそうみたいに走(はし)る！」
ような一生(いっしょう)けんめいな気(き)もちを
つねにもとう！

まんが「どりょくすればかならずできる!」

人生は長ーいマラソンのようなもの。毎日、力を出し切って走りぬけよう！

稲盛さんは、今はすごく大きな会社の会長さんなんだけど、会社をつくったばかりのころは、とても小さな会社だった。そこで稲盛さんは、ほかの会社にまけないように、毎日を「ど真剣」にがんばってはたらいたんだ。

まわりの人は「そんなにがんばると、つづかないよ」と心ぱいしていたんだけど、そ

はやすぎるよ〜
とばしすぎー
さいしょはゆっくり…
バテちゃうよ？
のんびりいこうっと

全力疾走

全力で走り切る！

うおおおお～

人生

れをつづけて、がんばりつづけて、大せいこうしたんだ。人生は、何十年もつづく、とっても長いマラソンのようなもの。毎日を力いっぱいですごすとつかれちゃうように思えるけど、「強いこころ」をもっていれば、走りぬけることができるんだよ。

だいじなことば

ど真剣

真剣っていうのは「本気！」という意味のことば。稲盛さんは、これに「ど」をつけて、「本気よりもさらにすごい本気！」といういみで、「ど真剣」っていうことばをつかっているんだよ。「ど真剣」には、ものすごい力がひめられているんだ。

「ど真剣」のこうか

どんなことも
「ど真剣」な気もちで
とりくもう。
一生けんめいに
今を生きていけば、
きっといいことが
おきるんだよ。

ど真剣!!!
バシィ!
どしんけん〜〜!
スタタタタタ
うおおお〜〜
どしんけん!!

カキーン
わぁぁ！
イチローって、4000本もヒットをうってすごいよね！
4000本
ほんとだね〜！
おやつよー
やったー
わーい、こんなにたくさん！
ハッ!!
イチローもこのチョコみたいに1本1本を一生けんめいつみかさねたから、4000本ものヒットがうてたんだね！
4000本
つみかさね
なるほど〜！
よーし！ ぼくらもいっぱいヒットをつみかさねてイチローみたいになるぞ！
それなら…おかし食べてないでれんしゅうした方がいいんじゃない？
ガーン！
たしかに！
ハッ!!
行こう！

「ど真剣」を岩のようにつみかさねるのが、大きな夢への一番の近道！

みんな「スポーツ選手になりたい！」とか、大きな夢がきっとあるよね。こういう大きな夢をかなえるには、毎日を「ど真剣」に生きることがひつようなんだ。すごい人たちも、地道に「ど真剣」をつみかさねてきたから、せいこうすることができたんだよ。

【プロサッカー選手】

うまくなりたくって、雨の日もれんしゅうしたり、ひとりでれんしゅうにうちこんだり…。しあいにまけてくやしくて、ないた日だってあったんだよ。

【いしゃ】

むずかしいいしゃのテストにごうかくするため、もうべんきょうしてきたんだ。いしゃになってからも、毎日どりょくしているんだよ。

つみかさね

【ゲームをつくる人】

ひとつのおもしろいゲームを作るためにも、たくさんのどりょくや、しっぱいがあるんだよ。

【コック】

なんどもしっぱいをくりかえして、おいしい料理を作れるように、どりょくしてきたんだよ。

【おわらい芸人】

みんなをわらわせてくれるおわらい芸人。少しでもみんなをわらわせるため、おもしろくない地道などりょくをしているんだ！

「ど真剣」でカベをのりこえよう！

どりょくしていると「できない…」っていうカベにぶつかることがあるよね。でも稲盛さんは、「ど真剣」には、このカベをこわす力があるんだって、これまでの人生の中ではっ見したんだ。カベにぶつかったときこそ、「ど真剣」でもう一歩ふんばってがんばろう！

ど真剣

人生はかけ算

人生が
よくなるかどうかは、
「考え方」×「熱意」×「能力」で
きまるんだ。

ボクが一番!
わたしもだいじょ
ボクだけじゃダメだよ~
考
熱
能

まんが「ぼくができないのは親のせい?」

人生は、能力だけではきまらない。考え方と熱意がだいじなんだよ！

人生は、なにかをやってやろうという「考え方」と、それをかなえるためにどりょくする「熱意」、それからもともともっている「能力」のかけ算。稲盛さんはこれを「人生方程式」といって、とても大切にしているんだ。

どういうことか、

見てみよう。

能力とは？

頭がいいとか、うんどうができるとか、もともともっている力のこと。だいじだけど、これだけでせいこうはできないんだ。

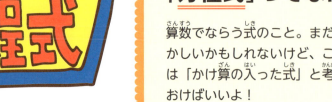

熱血戦隊

方程式

「方程式」ってなに？

算数でならう式のこと。まだむずかしいかもしれないけど、ここでは「かけ算の入った式」と考えておけばいいよ！

考え方とは?
その人のこころのもちようだよ。前むきだとプラスになってほかの「熱意」「能力」をのばすし、後ろむきだと足を引っぱっちゃうんだ。
熱意とは?
「あれをやりたい!」「こうなりたい!」とのぞんで強く思う気もちだよ。「考え方」の次にだいじなんだ。
考え方
かける
熱意
人生

『人生方程式』ですごい音楽をつくりつづけたベートーベン！

ベートーベンの人生方程式

ドイツの作きょく家、ベートーベン。「天才！」って言われているけど、それだけでせいこうできたんじゃないんだ。「考え方」×「熱意」×「能力」の人生方程式で、夢をじつげんさせたんだよ。

れきしにのこるすばらしいきょくをつくった音楽家。

まんが　ベートーベンの「考え方」×「熱意」×「能力」

能力
1770年ドイツの音楽家の家に生まれる
オギャー
1
7才でピアノのえんそう会にさんか
おお〜！すごい！
天才だ！
2
本かくてきに作きょくを学び…
3
24才で作きょく家としてデビュー！
4

熱意
28才のころから耳が聞こえにくくなる
あれ、耳がよく聞こえない
5
耳はどんどん聞こえなくなり30才のときには、ほとんど聞こえなくなった
もうだめだ…音楽家としてやっていけない…
6
しかし、音楽へのじょうねつがわすれられず、気もちをかえる
いや！耳が聞こえなくてもわたしの思いを作きょくであらわしたい！
7
その後耳のびょうきとたたかいながら、たくさんの名きょくを書いた
8
考え方
ベートーベンはうまくいくまであきらめないどりょく家だった
うーんちがう！これじゃだめだ！
9
『どりょくした人がせいこうするとはかぎらない。しかし、せいこうする人は、みんなどりょくしている』
「ベートーベンのことば」
10
こうした考え方があったからこそ、ベートーベンはつらいこともものりこえ、音楽家としてせいこうできたんだ
11

こころの磁石

みんな、
こころの中に
磁石をもっているんだ。
強いこころは
いいものを引きつけ、
弱いこころは
わるいものを引きつけるんだ。

まんが「"めんどくさおばけ"はぼくのみかた?」

こころのもち方をかえて、いいことを引きよせる磁石を強くしよう！

こころの中には、磁石があるんだ。強いこころの磁石はいいことを引きよせ、弱いこころの磁石はわるいことを引きよせるんだ。

いいこともわるいことも、みんな自分のこころがよびよせたもの。つまり、人生は、自分のこころのもち方によって、かわるってことなんだよ。

わるいこころに引っぱられないで！

この絵の磁石みたいに、わるいこころもよいこころもつながっていて、ひとつのものなんだ。わるいこころに引っぱられないように、気をつけよう！

わるいもの が よってくる…
弱い こころの 磁石
強い こころの 磁石
いいもの が よってくる!

2章 まとめ

1 力を出しおしみしちゃいけないよ。
いつでも全力でかけぬけよう！

2 どんなことでも「ど真剣」！
一生けんめいに生きていこう！

3 人生で一番大切なのは、
生まれもった能力よりも「考え方」！

4 こころの磁石を強くして、
いいものを引きよせよう！

3章

「思(おも)い」はかならずじつげんする！

「思い」の力

「思う」ことが
すべてのはじまり。
強く強く思わないと、
夢をかなえることは
できないんだよ。

1

ぼくは、ぜったいにうちゅうひこうしになるんだ!

2

えームリムリ、なれるわけないじゃん

なるったらなる!

このうそつき~

3

まぁまぁ

4

じゃあ、きみは大人になったらなにになりたいの?

え~と、そりゃあまあ……お金もちとか?

5

あいまいだね~

えー?

どうやってなるのよー

く……

6

じゃあ、きみはどうやってなるんだよ!

そ、それは…

7

ほうら、なり方もわかってないじゃんか

8

そんなことないよ

…ぜったいになる

なるんだ

なるんだ

なるんだ!

なるんだ!!

なるんだぁ!!!

おおお

すごい!

ほ…本当になるかも…

9

夢をかなえるためには「やり方」よりも、「強く強く思う」ことのほうがだいじ！

うちゅうひこうしになる！
やきゅう選手になる！

夢やもくひょうが大きければ大きいほど「ムリかな」「うまくいかないかな」なんて弱い気もちも生まれてくる。まわりの人から「そんなのきっとムリだよ」なんて言われることだってあるかもしれない。

いしゃになる！

大工になる！

夢

デザイナーになる!
歌手になる!
科学しゃになる!
パイロットになる!
バレリーナになる!

でも、思わなかったら何もはじまらないよ。「ぜったいにやるんだ!」って、強く思うことからすべてははじまるんだ。この強い思いで、「できない」を「できる」にかえていこう!

みらいのきみならできる

人の力に
げんかいなんてないんだ。
今日のきみにできなくても、
強い「思い」で
どりょくすれば、
明日のきみなら、
きっとできるようになる。

まんが「『ぜったい！』にできるりゆうは？」

「できない」じゃなくて、「がんばればできるようになる」と考えよう

ちょっと考えてみて。きみが今やっていることって、少し前の自分にはできなかったことがいっぱいあるよね？　こんなふうに、人の力はみらいにむかってかならず大きくなっていくものなんだ。

だから、今はできなくても「どりょくをすればきっとできるはずだ」と考えよう。自分の力は、ねがえばねがうほど大きくなる

ぜったいレギュラーになるっ！
ぐぬぬぬぬ

しんじる

としんじよう。強く思うことが、夢をかなえる一番の近道なんだ。

もっと
くわしく

ひめられた力を引き出す！「せんざい力」のつかい方

せんざい力って何？

「火じ場のばか力」って知ってる？ ピンチのときに、思いもよらないすごい力を出せることだよ。この力は「せんざい力」とも言うんだ。稲盛さんはこの力をしんじて、つらいときにも前むきにどりょくをつづけて、夢をじつげんしたんだよ。

「せんざい力」のしくみ

「せんざい力」とは、きみの中のひめられた力のこと。のうみその中のねむっているぶぶんが目ざめて、すごい力が引き出されるんだ！

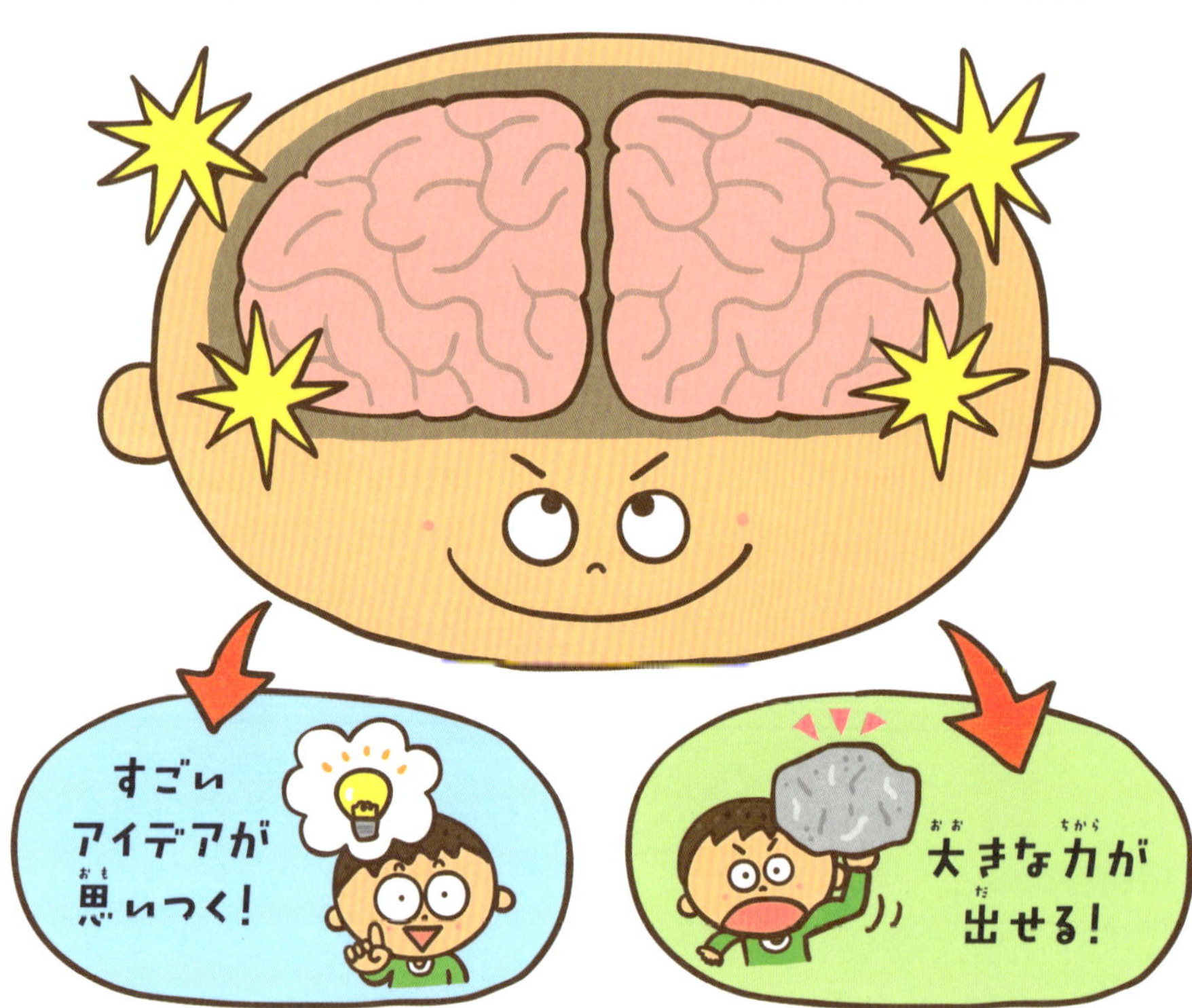
すごい
アイデアが
思いつく！
大きな力が
出せる！

「せんざい力」のスイッチの入れ方

1 前むきなこころをもとう!

どんなこんなんにぶつかっても、前むきに明るく考えて、がんばることがひつようなんだ。後ろむきな考えだと、スイッチは入らない…。

せんざい力
つめたくて
気もち
いい〜!

はい!
はい!
はい!
だれか
これを
もって…
せんざい力

2 自分からうごこう!

だれかに何かを言われてやるんじゃなくて、自分からせっきょくてきにうごくことがポイント。人に言われる前にやろう!

3 強く強く、思うこと!

自分は「こうなりたい」「こうありたい」と、こころの中で、ものすごく強く思いつづけよう。弱い気もちでは、スイッチは入らないよ。

せんざい力
ふふふ
…

もくひょうは、大きく

もくひょうを立てるときは
「これならできそう」じゃだめ。
「こうなりたい！」という
強い思いで立てなきゃ
いけないよ。

う〜ん
お兄ちゃん、何してるの？
冬休みのしゅくだいで、みらいのもくひょうを書きぞめにするんだ
お兄ちゃんは、ひこうきのパイロットになりたいんだよね
……
どうしたの？
パイロットになるのはたいへんなんだぞ いっぱいべんきょうして学校に行って…
え〜じゃあなりたくないの？
う——ん
そうだ！パイロットになれなくてもいいように、とりあえず…
サラ サラ サラ
できた！
ひこうきにくわしくなる…！
お兄ちゃん、かっこわるい…

大きなもくひょうを立てないと夢をかなえることはできないんだよ

もくひょう

大きなもくひょうを立てる人には、大きなせいこうが手に入り、小さなもくひょうしか立てない人には、それなりのけっかしか手に入らないものなんだ。

　自分で大きなもくひょうを立てれば、そこにむかってエネルギーをしゅう中させることができて、それが大きなせいこうにつながるんだ。

【夢は大きく！ でっかいもくひょうをもとう！】

作家になる！
けいさつかんになる！
せいじかになる！
はかせになる！
パイロットになる！
デザイナーになる！
うちゅうひこうしになる！
はいゆうになる！
プロのテニス選手になる！
いしゃになる！
先生になる！

【小さなもくひょうしか立てないと…】

弱い力でなげられる

もち上げるのもかんたん

ほいっ！

コンッ！

かえってくる力も弱い
⇒小さいもくひょうしかたっせいできない…

もくひょう

コロコロ

【大きなもくひょうを立てると…】

なげるのも全力だ！

もち上げるのも大きな力がいるよ

とりゃー！

よいしょ！

バンッ！

ダーン！

もくひょう

強いボールがかえってくる！
⇒大きなもくひょうもたっせいできる！

思うこと

「しっぱいゼロ」のひけつ

「もうダメだ…」と思ってもふんばって、とことんやりぬこう。せいこうするまであきらめなければ、しっぱいすることはなくなるんだ。

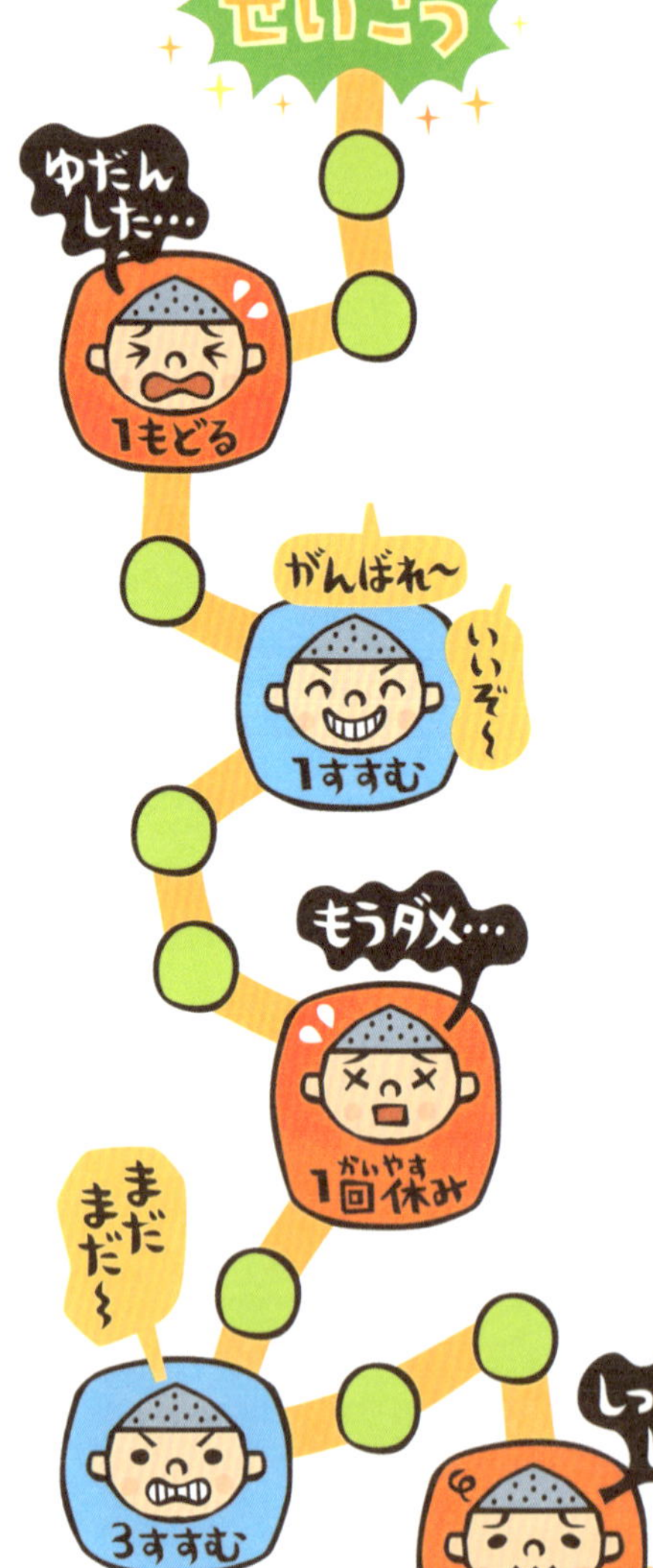
ゴール!
せいこう
ゆだんした…
1もどる
がんばれ~
いいぞ~
1すすむ
もうダメ…
1回休み
まだまだ~
3すすむ

いくぞ~
しっぱいした~
1もどる
スタート

子ども研究所
ドッカーン!!
はかせ…
もうけんきゅうは
1000回も
しっぱいしていますもう、
あきらめましょう
う〜ん
だめ、
あきらめるなんて!
このけんきゅうには、
わたしたち
子どものみらいが
かかっているのよ!
はい…
カッ カッ カッ
ふふん、わたしは
もうせいこう
したからね
ちょちょいの
ちょいよ
しっぱいなんて、
したことないわ
ムッ
じゃー
がんばってねー
もぉ〜!
なんでわたしは
なんどやっても
できないのよ
ふふふ
チラッ
かのじょ
あんなこと
言ってるけど、
いっぱい
どりょく
したんだよ!
1万5000回
もくりかえして、
やっとせいこう
したんだもん
できたー!
15000
ぼくは
助手
すごい!!
すごい!!
わたしも
がんばる!!

「ここまでしかできない」って、自分にげんかいをつくってはいけないよ

「これをしよう」「こうなりたい」と考えて、そのもくひょうにむけてどりょくをはじめたら、できるまではなにがなんでもやりぬく強い思いがだいじなんだよ。そして、できるまでやりつづける「つづける力」がひつようなんだ。

せいこう
まちがえた道まで
もどって、さいちょうせん！
しっぱい
道をまちがえた
あれ??
しっぱい
体力が足りない…
はぁ
はぁ
せいこう
のぼり切れる力をつけて
さいちょうせん！
トレーニング！
スタート
いくぞー！

山のぼり

しっぱいゼロのしくみ

稲盛さんは、しごとでどんなにしっぱいしても、ぜったいあきらめなかった。そのけっか、大きな夢をかなえたんだね。つまり、しっぱいしても、しっぱいしたと思わずにせいこうするまでつづければ、それはしっぱいじゃなくなるんだ。

3章 まとめ

1 大きな夢をかなえるには、まずは強く強く「思う」ことから。

2 今日はまだできないことも、「明日はできる！」としんじよう！

3 もくひょうは大きくもとう。小さいもくひょうだと強くなれないよ。

4 しっぱいしてもあきらめないで！つづけていれば、ぜったいうまくいくよ！

4章

「はたらく」って どういうこと?

もっとくわしく

どうして大人は「はたらく」の？しごとのしくみを知ろう！

はたらくことでよの中が回っている

どうして大人になると、みんな「はたらく」のかな？　ここからは、稲盛さんがこれまでの人生ではっ見した「はたらく」ことのいろんないみを知ることができるよ。

でも、まずは「どうしてはたらくのか？」とい

「はたらく」

たとえば、ごはんやさんは、ごはんを食べに来る人のために…とか、みんな、だれかのために、一生けんめいはたらくんだ。

「お金をもらう」

はたらくのはたいへんだけど、そのがんばりにたいするごほうびとして、はたらいた人はお金をもらうことができるんだ。

「ほかの人のしごとになる」

たとえば、きみがゲームを買ったとすると、そのお金は、ゲームを売る人や、そのゲームをつくる人のもとにとどくんだ。こうやって「はたらく」⇒「お金をもらう」⇒「つかう」というしくみができているんだ。

「お金をつかう」

お金をもらったら、ものを買ったりできるよね。生活のためだったり、あそぶためだったり、お金のつかい道はその人しだい。でも、そのお金をつかうことが、自分のためだけじゃなくて、ほかの人のためにもなるんだ。

しごとのきほんてきなしくみを知っておこう。上の絵にあるみたいに、はたらいて、お金をもらって、つかう…ということで、よの中が回っているんだ。

でも…お金だけのためにはたらくわけではないよ！

お金をもらって…というしくみがわかったと思うけど、はたらくいみは、それだけじゃないんだ。そのことを、ここからの稲盛さんのことばで学んでいこう！

はたらく

「はたらく」は「かがやく」

りっぱな大人になるためには、「はたらく」ことがひつようなんだ。まじめに、一生けんめいはたらくことで、人生がかがやき出すんだよ。

お～～
よく
はたらいた～
ピカー

おさら
あらっただけ
でしょ…

光ってる!

まんが「しごとはお金が一番だいじ？」

一生けんめいにはたらくことは、大きなよろこびになるんだよ！

はたらくことは大きなよろこびになるものなんだ。もちろん、しごとをしたらすぐにうれしいことがあるわけじゃないよ。うまくいかなくてしっぱいしたり、つらいことにぶつかることがたくさんあると思う。

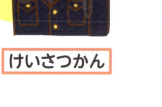

コック

よろこび

でも、だからこそ、はたらくことでえられるよろこびはとくべつなんだ。まじめにがんばりながら、つらいことをのりこえ、なにかをなしとげたときのかんどうは、ゲームなどではあじわえないくらいすごいんだよ。

はたらくことは、自分の人生をよくするために、とても大切なことなんだ。

うんてんし（電車）

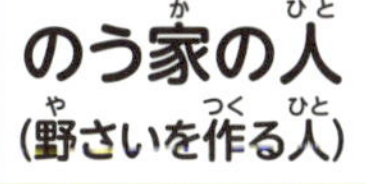

一生けんめいは「すごくかっこいい」こと！

一生けんめいにがんばっていると、「本気になってかっこわるい…」などと言う人がいるかもしれない。でも、稲盛さんは「一生けんめいはかっこいい！」って、がんばる人のみかたをしているんだ。だから、だれかが一生けんめいをばかにしてきても、稲盛さんのことを思い出して、がんばりぬこう！

はたらく

「はたらく」は「薬（くすり）」

「一生（いっしょう）けんめいはたらく」ことは、
どんなつらいことも
のりこえられるような
「なんにでもきく薬（くすり）」
になるんだ。

これ のんで
がんばって！
はたらき薬（ぐすり）
先生（せんせい）…
つらいんです…

まんが「みんなのためになるしごと」

はたらくことは、わるいことをふきとばし いいことにかえてくれる「薬」になるんだ

【はたらき薬のこうのうは?】

おもしろくない…
やる気が出ない…
うまくできない…
しょうらいが
ふあん…
おちこん
じゃった…

大人になるとみんなしごとをする。これは、お金をかせぐだけじゃなく、人生をよくするためだと言ったよね。

はたらくことにはもうひとつ、いいことがあるんだ。それはわるいことやうまくいかないことがあったとき、それらをきれいにしてくれて、いいことにかえてくれる力があることだよ。

しごとは人生をよくする薬であるとともに、みんなの人生をゆたかにしてくれる薬でもあるんだ。

おくすり

せいちょう できた!
前むきに なれた!
はたらき薬 しょほうせん
ゆたかな 気もちに なれた!
楽しい 気もちに なれた!
しょうらいに きぼうが もてた!

人がもっている「3つの毒」にまけないで!

人のこころには「三毒」とよばれるわるい気もちが、もともとあるんだ。それは、「よくばりなこと」「おこること」「もんくを言うこと」の3つ。どれもとても手ごわい気もちだけど、「はたらき薬」をちゃんとのめば、ふきとばせるんだ!

もえる気もち

はたらくときは、
人に言われてやるよりも、
言われる前に自分からやる
「もえる気もち」が
大切なんだ。

夏休み
図書館いってきまーす
はぁ…なんでしゅくだいなんてやらなきゃいけないんだろう
よいしょ
あっ…
お前たちもたいへんだなあ
にひひ
わっ！ちゃんとよけてる!!
すごいな！
おもしろいおもしろい！
サラサラサラ
おーなるほどへぇーすごい!!
サラサラ
サラ
ただいまー
おかえりなさいしゅくだいはちゃんとしてきたの？
ギクッ
ヤバッアリのことだけだ…
ノートを見せて！
ふむふむ
ふむふむ
ドキドキ
ドキドキ
すごい…ちゃんとかんさつ日記、できてるわね
ホッ
えへへ…

「もえる気もち」でやれば、べんきょうやしごともうまくいく！

大人になってしごとをするときは、「もえる気もち」でやることがだいじなんだ。そして、自分がもえるための一番いいほうほうは、しごとをすきになること。べんきょうにおきかえて考えてみても、いやいやするべんきょうと、おぼえることが楽しいと思いながらするべんきょうとをくらべると、ぜんぜんちがうよね？

　どんなことでも、それにすべての力をうちこんでやりとげれば、大き

【「もえる気もち」をもとう！】

自分からやる！

できるまでやる！

ぜったいにせいこうさせる！

ぜん力でやる！

自分からやる

なじしんが生まれるんだ。そして、つぎのもくひょうへちょうせんする気もちが生まれるんだよ。

【人に言われてやると…】

どんなこともだれかから言われてしかたなくやると、やる気が出ないよね。やる気が出ないと「はかどらない」⇒「うまくいかない」⇒「いいけっかが出ない」…っていうわるいながれが生まれるよ。

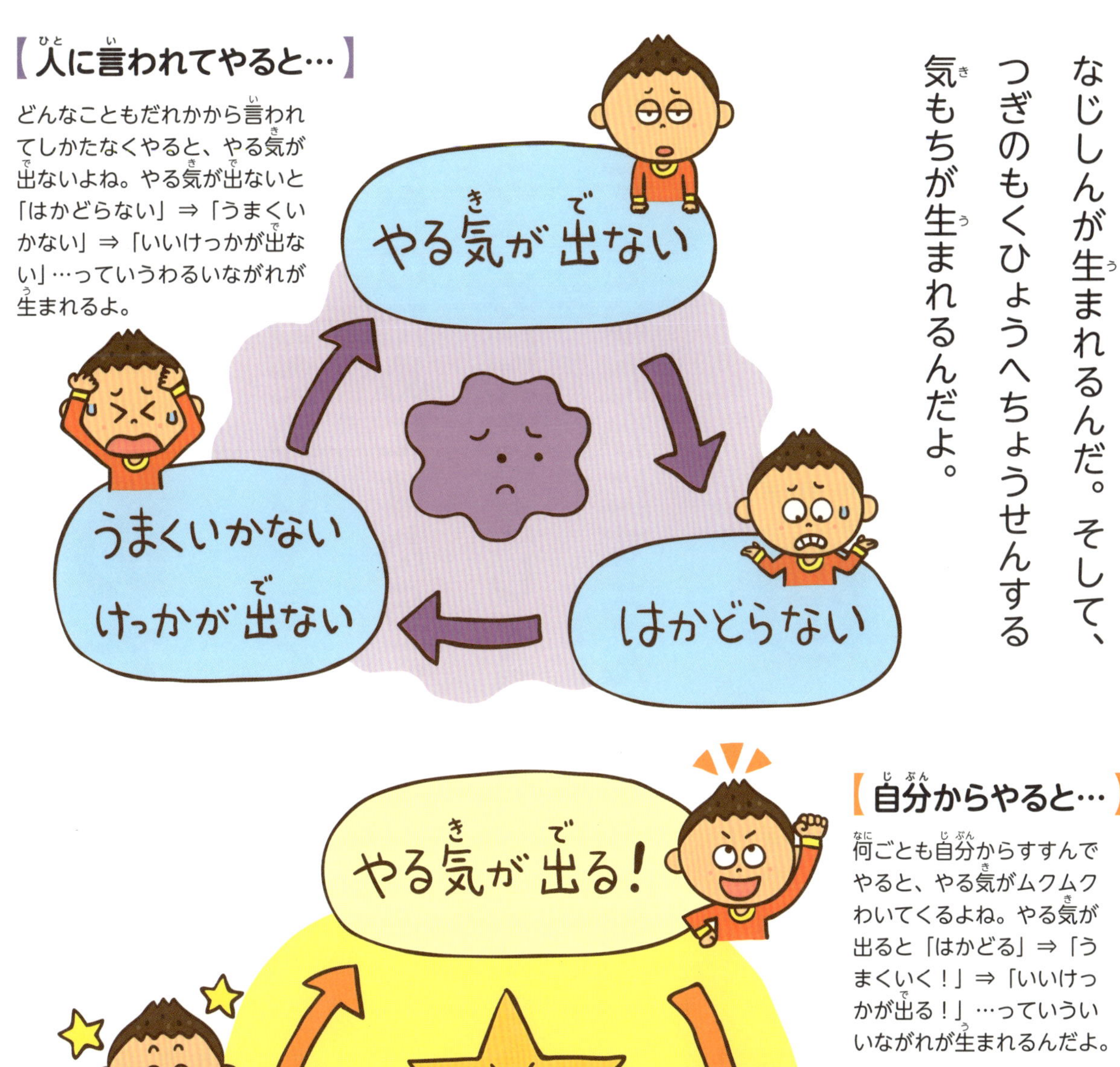
やる気が出ない
はかどらない
うまくいかない
けっかが出ない
やる気が出る！
はかどる！
うまくいく！
けっかが出る！

【自分からやると…】

何ごとも自分からすすんでやると、やる気がムクムクわいてくるよね。やる気が出ると「はかどる」⇒「うまくいく！」⇒「いいけっかが出る！」…っていういいながれが生まれるんだよ。

だれかのために

自分だけのためじゃなくて、
だれかのためにはたらこう。
「人のためになにかしてあげる」ことが、
こころをゆたかにするんだよ。

まんが「ほかのだれかがケガしないように」

「はたらく」は、自分のためだけでなく、せかい中みんなのためを思ってするんだよ

よのため、人のためにがんばることが、人間としての一番の行い。これは、しごとでも同じこと。

人はもともと、ほかの人のためにつくすことによろこびをかんじる、うつくしいこころをだれもがもっているんだ。

せかい中のみんなが、ゆたかなこころでだれかのためにはたらけば、とってもいいせかいになるね。

4章 まとめ

1 しごとは、一生けんめいにやるもの。
はたらくことで、こころがゆたかになるよ。

2 こころがしんどいときには、
はたらくことが、薬になることがあるよ。

3 「自分からすすんでやる！」という
もえる気もちをもとう！

4 いつでも「自分のため」じゃなくて、
「だれかのため」を考えてうごこう！

おまけまんが 稲盛和夫ものがたり

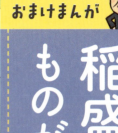

となりのおばさんから
本をもらった
これを読んで
元気を出して
ありがとう…
むずかしい本だったが
すぐに引きこまれた
わたしたちはこころの中に
磁石をもっていて
剣でもピストルでも
さいなんでもびょうきでも…
引きよせるのです
「生命の實相」(谷口雅春)より意訳
そうか!
ぼくがけっかくを
こわがるから
弱いこころが
びょうきを
引きよせたんだ!
こころのもちようが
大切なんだ…!
その後
和夫はなんとか
高校・大学へすすみ
そつぎょうし…
大学の先生のしょうかいで
「松風工業」という会社で
はたらくことになったが…
建物はボロボロ
おきゅうりょうが
おくれる
あそこ
とうさんする
かもね…

おまけまんが
いっしょに会社に入った人はどんどんやめていった
やめます
おせわになりました
ぼくもやめてじえいたいに入ろうかと思ってるんだよ
ぼくもそうしようかな
じえいたいの学校をじゅけんしてごうかくしたが…
ゆうびんでーす
あれ？お兄さんからだ
ムリをして大学に行かせたのに会社のわるぐちを言ってやめようとするなんて！
わっ
会社に入れたことをありがたいと思ってはたらきなさい！
そうか…かぞくは自分のために一生けんめいはたらいてくれたのに
ぼくがかんたんにやめちゃダメだよな…
よし!!ここで一生けんめいはたらくぞ！

そして…
稲盛くん！すばらしい研究だよ
ありがとうございます！
ほめられるとうれしいな…
うれしいからがんばれる
がんばれるからもっとうまくいくようになるんだ…！
こうしてしごとにうちこんだ和夫は日本ではじめて
新しいファインセラミックス「フォルステライト」を使った「U字ケルシマ」をつくり出すことにせいこう
大きな会社からのしごとがきてさらにかいはつにうちこむが
あくせんくとうする
うまくいかないな…
きみの力じゃむりだなほかのものにやらせよう
カチン！
わたしにはできないというのなら会社をやめます！

おまけまんが
稲盛さんがやめるならやめます！
ぼくも！
稲盛さんについていきます！
よし！それじゃあみんなで新しい会社をつくろう！
おー！
こうして和夫は1959年に「京都セラミック」をつくった
はたらいてくれるみんなのためにもぜったいしっぱいできない
がんばらないと！
京都セラミック
マラソンみたいにペースを考えてはたらいたほうが…
ぼくらはこのぎょうかいでは後からのスタートなんだ
ほかの会社と同じはやさじゃおいつけない！
このがんばりが会社を大きくせいちょうさせた

1982年
会社の名前を
「京セラ」にへんこう
そうだんが
あるんだ
会社には
今までためてきたお金が
1500おく円ある
そのうち
1000おく円を
つかわせてほしい
いったい
なぜ？
日本ではこれまで
「電電公社（NTT）」
が電話のしごとを
どくせんしていた
電電公社（NTT）
そのため
日本の電話だいは
ほかの国より
高かったのだ
電話だいが
かかるからはやく
切りなさい！
新しい電話会社ができれば
きょうそうができて
電話だいがやすくなると
みんなきたいしていたが…
「電電公社」に
ちょうせんする会社は
なかった
電電公社
それならわたしが
ちょうせんしよう！
おおー!!
だが和夫はずっと
なやんでいた

新しい会社をつくりたいと思うのはいいことか？

ゆうめいになりたいからじゃないのか？

いや…ちがう

これは人のためにつくしたいというじゅんすいな気もちだ

電話会社をつくるぞ！

1984年「京セラ」が中心となって「第二電電（のちのKDDI）」という会社をつくった

今ではauをはじめいろんなつうしんサービスを行うようになっている

2010年
和夫はせいふからつぶれた「日本航空」の立て直しをもとめられた
ひこうきのことはわかりませんよ！引きうけるつもりはありません！

しかし何回も
たのまれるうちに…
みんながダメな会社と
思っている「日本航空」を
立て直せれば
ほかのこまっている
会社の人たちも気もちが
ふるい立つかもしれないぞ
それが日本を
かえる力になる
世のため、人のために
なるのではないのか？
やりましょう
そのかわり
おきゅうりょうは
いりません
ありがとう
ございます！
JAL
「日本航空」の
会長になった和夫は
しゃいんの人たちと
とことん
話し合った
和夫のこころがつたわり
「日本航空」は生まれかわった
せかいでも
一番をあらそう
強い会社になることが
できた——

稲盛さんは
子どものころはおもい
びょうきにかかり
中学じゅけんに
2度もしっぱいし
行きたかった大学にも
うからず
入りたかった
会社にも入れない
しっぱいやこんなん
ばかりだったんだ
でも稲盛さんは
この本でつたえている
「思いやりのこころ」
「強く、強く思うこと」を
大切にして
つらいことにも
まけずに毎日を
「ど真剣」にはたらいて
大せいこうを
おさめたんだ
毎日毎日を
一生けんめいに
「ど真剣！」に
がんばれば
夢はかならず
かなうんだ！
ここで学んだ
稲盛さんの
人生や考え方は
きっときみの夢を
かなえる手だすけを
してくれるよ

監修者 **稲盛和夫**（いなもり かずお）

1932年、鹿児島県生まれ。鹿児島大学工学部卒業。59年、京都セラミック株式会社（現・京セラ）を設立する。社長、会長を経て、97年より名誉会長。84年には、第二電電（現・KDDI）を設立し、会長に就任。2001年より最高顧問となる。10年には日本航空会長に就任。代表取締役会長、名誉会長を経て、15年より名誉顧問となる。また、1984年には稲盛財団を設立し、「京都賞」を創設。毎年、人類社会の進歩発展に功績のあった人々を顕彰している。そのほか、若手経営者が集まる経営塾「盛和塾」の塾長として、後進の育成に心血を注ぐ。おもな著書に『生き方』（サンマーク出版）、『働き方』（三笠書房）、『君の思いは必ず実現する』（財界研究所）、『考え方』（大和書房）などがある。

稲盛和夫 OFFICIAL SITE
http://www.kyocera.co.jp/inamori/

イラスト	なかさこかずひこ！、森のくじら、松浦はこ
デザイン	佐々木容子（カラノキデザイン制作室）
校閲	聚珍社
編集協力	アーク・コミュニケーションズ

稲盛和夫 新道徳
子ども　こころの育て方

2018年1月10日発行　第1版

監修者	稲盛和夫
発行者	若松和紀
発行所	株式会社 西東社
	〒113-0034　東京都文京区湯島2-3-13
	http://www.seitosha.co.jp/
	営業　03-5800-3120
	編集　03-5800-3121〔お問い合わせ用〕

※本書に記載のない内容のご質問や著者等の連絡先につきましては、お答えできかねます。

ISBN 978-4-7916-2566-6